DISCOURS

IMPARTIAL

SUR LES AFFAIRES ACTUELLES

DE LA LIBRAIRIE.

DISCOURS

IMPARTIAL

SUR LES AFFAIRES ACTUELLES

DE LA LIBRAIRIE.

Une jouissance limitée, mais certaine, est préférable à une jouissance indéfinie, mais illusoire.

(*Réglement sur la durée des Priviléges, du 30 Août* 1777.)

M. DCC. LXXVII.

DISCOURS
IMPARTIAL
Sur les Affaires de la Librairie.

UNE guerre vive, allumée, il y a plus de foixante ans, entretenue de part & d'autre par de longs Mémoires, divifoit depuis long-tems la Librairie de Paris & celle de Province : l'efprit de confraternité n'exiftoit plus, toute harmonie étoit détruite, l'anarchie étoit générale.

Le principal objet d'une fi grande querelle, étoit de fçavoir fi les Priviléges du Roi en Librairie doivent être fans ceffe renouvellés, ou fi à leur expiration ils deviennent le patrimoine commun de toute la Librairie. La queftion étoit délicate, parce qu'on a cherché à la lier à celle de la propriété, à laquelle il eft toujours dangereux de toucher.

,, M. de Colbert, dont l'autorité doit être d'un fi grand poids en
,, matiere d'Adminiftration, crut devoir remontrer à Louis XIV
,, les inconvéniens qui réfultoient de ce que les Libraires de la
,, Capitale, plus à portée que ceux des Provinces d'obtenir & de
,, faire renouveller des Priviléges, étoient prefque les feuls qui
,, imprimaffent. Il parle avec force du tort que faifoient au Com-
,, merce ces renouvellemens de Priviléges, & de la néceffité de
,, rendre à une multitude de Familles la liberté de s'employer dans
,, un Commerce utile & légitime. ,,

A ij

Les Libraires de Province, en attendant la décision du procès, paroiſſoient l'avoir jugé en leur faveur, & même ils donnoient au gain qu'ils en eſpéroient, une extenſion dont les Libraires de Paris n'avoient que trop à ſe plaindre. En effet, depuis une dizaine d'années, les contrefaçons ſe ſont multipliées à un point, que le Magiſtrat pourra ſe convaincre aujourd'hui qu'il exiſte pour une ſomme plus conſidérable de Livres contrefaits dans les Provinces, que de Livres originaux dans la Capitale. A proprement parler, tout a été contrefait, grands & petits Ouvrages; rien n'a été reſpecté. Il y a des Libraires en Province qui ont des fonds de contrefaçons de cinq à ſix cens mille livres. Ce Commerce étoit devenu ſi familier à quelques-uns d'entr'eux, qu'ils en faiſoient parade : ils s'en vantoient publiquement, & produiſoient leurs contrebandes avec l'étalage le plus indiſcret : ſouvent même les Livres étoient contrefaits en Province, avant qu'ils paruſſent à Paris, parce qu'on avoit dans les Imprimeries des Ouvriers gagés, qui envoyoient les feuilles à meſure qu'elles ſortoient de deſſous la preſſe. Le Commerce de la Librairie de Paris étoit anéanti. Il n'étoit plus poſſible de rien entreprendre, une concurrence deſtructive arrêtoit toutes les ſpéculations auxquelles on auroit pu ſe livrer. Nous pourrions citer des Ouvrages publiés cette année, qui auroient pu aſſurer à leurs Auteurs & aux Libraires un profit honnête, & dont on a fait des éditions ſi multipliées dans les Provinces, qu'on n'a pu même retirer les frais des Editions originales.

De-là ces rabais multipliés de nombre de petits Ouvrages, qui ont fait la honte de la Librairie, & dont la Police a cru devoir enfin arrêter le cours ; rabais cependant néceſſaire, puiſque la contrefaçon de ces mêmes Ouvrages en Province, rendoit ces maſſes de Livres inutiles dans la Capitale.

D'où venoient ces étranges abus ? D'un abus peut-être encore plus grand, de ces priviléges illimités, éternels, dont la Librairie de Paris ne ceſſoit de ſolliciter le renouvellement; de cette ombre de propriété qui rendoit nulle pour elle la rigueur des Ordonnances, parce que les Magiſtrats ne pouvoient être favo-

rables à une propriété de plusieurs siécles , dont le titre
& le prix n'étoient souvent que la grace même du
Privilége que le Souverain avoit bien voulu accorder.

Les Libraires de Province se plaignoient que ceux
de la Capitale vouloient concentrer toute la Librairie
du Royaume dans leurs mains : exclus même des Ventes de la Chambre Syndicale , ils ne pouvoient pas
profiter des avantages qu'elles présentoient pour s'assor-
tir, acquérir des Priviléges , augmenter leurs fonds ,
entretenir leurs Presses ; ils sentoient qu'ils étoient
réduits à n'être que les Revendeurs , les Facteurs de
ceux de Paris ; ils se plaignoient qu'on leur refusoit
même d'exécuter ce qu'on ne vouloit entreprendre, & qu'on aimoit mieux laisser manquer un Ouvrage dont on avoit le privilége , & dont le Public
avoit besoin, que de le laisser réimprimer en Province. Ces injustices les révoltoient : ils ne pouvoient
concevoir aussi qu'ils n'eussent pas le droit de réimprimer au bout de deux ou trois cens ans un Ouvrage
dont les Etrangers pouvoient s'emparer à chaque
instant : ils alléguoient qu'un Livre sans Privilége appartenoit à tout le monde , & ils défioient même les Libraires de Paris de montrer les titres d'une foule de
Livres dont ils avoient les Priviléges. Le Commerce
souffroit de tous ces débats , la confiance étoit détruite , on avoit renoncé aux Echanges si utiles dans
ce Commerce. Les Libraires de Province fuyoient la
Capitale, le désordre étoit à son comble, & tout an-
nonçoit le dépérissement général de la Librairie ; lorsque le Chef de la Justice s'étant fait rendre un compte
détaillé des plaintes réciproques, a cru devoir mettre
fin à ces guerres intestines par de nouveaux Arrêts qui
concilieroient les Combattans. A peine cependant ces
Réglemens furent-ils publiés , qu'un deuil universel
s'empara de toute la Librairie de Paris : la désolation fut
générale. Quand tous les Libraires auroient perdu
leur état , quand on leur auroit enlevé tous leurs Magasins, la consternation n'eût pas été plus grande.

On répandit le bruit que la propriété étoit attaquée ;
quelques Gens de Lettres , que les plaintes doulou-
reuses des Libraires avoient touchés , se rangerent

d'abord de leur côté : on préfenta des Mémoires aux différentes Académies : l'Univerfité follicitée crut devoir fa re des repréfentations ; les Papetiers, les Relieurs crurent devoir auffi fe mettre de la partie : quelques Libraires même répandirent le bruit qu'ils fufpendroient leurs paiemens, & qu'ils renonçoient pour toujours à acheter des Manufcrits. Les Veuves de la Librairie, en longs habits de deuil, allerent à Fontainebleau folliciter Mgr. le Garde des Sceaux. On crut qu'on feroit céder le Magiftrat, en réuniffant tant d'efforts ; mais le Chef de la Juftice ne vit, dans toutes ces clameurs & l'importunité de tous ces mouvemens, que l'effet ordinaire de tout Réglement nouveau, dont on n'a pas encore bien faifi l'efprit, & qui doit dans les commencemens jetter dans quelques alarmes : Il fut inébranlable, parce qu'il devoit l'être.

Un Ecrivain, que nous ne connoiffons pas, s'étant permis de difcuter ces Arrêts, nous croyons devoir lui répondre : nous le ferons fans aigreur & avec toute l'impartialité dont nous fommes capables, perfuadés d'ailleurs que cette difcuffion peut, dans la circonftance préfente, être très-utile aux Libraires de Paris, & fervir à éclairer les Gens de Lettres fur leurs véritables intérêts.

De la Propriété.

La propriété eft un droit fi facré, que le moindre Réglement qui y donneroit atteinte, devroit néceffairement jetter l'alarme dans les efprits ; car les Loix ne font établies que pour la défendre, & les nouveaux Réglemens ne doivent avoir pour objet que de la maintenir.

Comment feroit-il donc poffible que fous un jeune Monarque, dont tous les Actes n'ont été jufqu'à préfent que des monumens de bienfaifance, les Libraires fuffent les feuls dont les propriétés fe trouvaffent attaquées ?

Ne feroit-ce pas l'abus du mot qui feroit trouver de l'injuftice dans les Réglemens ? Eft-il bien fûr que les nouveaux Arrêts, en limitant les Priviléges, atta-

quent la propriété ? Les Libraires de Paris affurent
que le Privilége n’eft point le titre véritable de la
propriété ; ils ne le regardent que comme une formule
qui leur donne le droit de vendre un Livre dont ils
ont traité , & qui étoit néceffaire pour défendre à
tout autre d’ufer de la même permiffion.

Les Libraires de Province difent , au contraire , que
fi le Privilége n’eft point le titre de la propriété ,
les Libraires de Paris en ont fait un fingulier abus ;
car ils citent des milliers d’Ouvrages dont les Libraires de Paris fe difent les propriétaires , & dont ils
n’ont d’autres titres que les Priviléges.

Tâchons de concilier ces oppofitions , & de nous
former une véritable idée de la propriété en Librairie.
Le feul moyen d’y parvenir eft de la confidérer fous
plufieurs faces.

De la Propriété en Librairie, confidérée fans le Privilége.

Peut-on comparer la propriété d’un Ouvrage à celle
d’une maifon , d’une vigne, d’un pré ? Pourquoi non ?
Un Homme de Lettres , un Libraire , ont fans doute
à perpétuité la propriété de leurs Ouvrages ; tant
qu’un Homme de Lettres garde fon Manufcrit, il lui
appartient, c’eft un bien qui n’eft uniquement qu’à
lui ; tant qu’il n’a pas jugé à propos de le publier ou
de le céder , perfonne ne peut le lui enlever ou le
forcer à l’abandonner , fa poffeffion a toujours été
inviolable à cet égard. Quand il le vend à un Libraire ,
ce dernier a également un droit de propriété inviolable fur les Editions qu’il donne ; en tout tems il doit
conferver , & conferve en effet fon fonds pour lui
& fes ayans caufe. Les Jurifconfultes, anciens & mo-
dernes , ont tous défini la propriété , *jus in re.*
La propriété ne peut exifter fans un objet ; les Livres ,
tant qu’ils font dans la main de l’Auteur ou de fes
repréfentans , font certainement leurs propriétés ; &
ce n’eft qu’en confidérant la propriété en Librairie de
cette maniere , qu’on peut raifonnablement la comparer à celle d’une maifon , d’un champ ; mais fi elle

eſt la même , quant au fonds , que celle des autres proꝫ
priétés , il faut convenir , en l'enviſageant ſous d'autres
faces , qu'elle eſt bien différente , quant à l'effet &
au produit. Les Etrangers s'en emparent à chaque inſtant, même en tems de Paix , quoiqu'ils ne puiſſent
s'emparer ni de nos champs, ni de nos maiſons ; par
repréſailles nous leur prenons les Livres que nous
croyons être à notre convenance, nous les réimprimons,
nous en demandons le Privilége , & les Libraires ſe
diſent propriétaires d'Ouvrages , qui , dans ce cas,
n'ont d'autres titres de propriété que le Privilége.

Dans toute l'Europe , les Libraires paroiſſent être ,
relativement à leur propriété , dans un état de guerre
continuelle , on ſe fait même un honneur de cette eſpece
de vol , quand il n'a lieu que de Nation à Nation , car on
dit qu'on enrichit ſa Patrie des productions de l'induſtrie
étrangere : cette propriété differe encore de celle qui
conſtitue une Maiſon , une Terre , en ce que ces derniers biens ſont aſſujettis au Centiéme denier , payent
des droits de lods & ventes , de mutations , & que
les Livres ne payent rien de ſemblable.

En conſidérant donc nos Livres ſans Priviléges ;
nous verrons que ce que les Etrangers ſe permettent ,
les Libraires Nationaux ſe croyent en droit de les imiter. Les Contrefacteurs , ſoit de France , ſoit de l'Etranger , ne croyent pas commettre un vol , ni attaquer
la propriété de l'Auteur ou de ſes Ceſſionnaires , en
réimprimant leurs Ouvrages , parce qu'ils ne peuvent
pas ſe perſuader que le ſtyle , les penſées , une fois
mis au jour , ont un droit de propriété perpétuelle :
les Contrefaçons cependant ſont un véritable impôt
ſur l'eſprit d'autrui ; en multipliant les copies , il eſt
certain qu'on diminue la valeur des originaux , &
c'eſt par cette facilité qu'on a d'imiter les productions
de l'eſprit , que ce genre de propriété differe encore
de tout autre.

La propriété en Librairie étant bien réelle , quant
au fond , on voit qu'elle eſt bien différente , quant
à l'uſage & au produit.

La concurrence emporte ici une partie de la valeur
du fonds : la queſtion eſt donc de ſçavoir , ſi elle

doit être permise ou défendue ? Si l'Imprimerie n'exiftoit pas, (& elle n'a pas toujours exifté,) la concurrence alors étoit certainement permise.

Du tems d'Horace & de Virgile, où les Livres ne.
fe multiplioient que par la voie de copies à la main,
tout le monde n'avoit-il pas le droit, quand il avoit
acheté une copie, d'en faire faire d'autres; il n'y avoit
pas fans doute de droit exclufif de propriété qui pût
empêcher la multiplication de ces copies. Or l'Art de
l'Imprimerie n'eft qu'une manière abrégée de multiplier
les copies, & la différence dans l'inftrument peut-
elle en faire une dans le droit ? Depuis l'invention de
ce bel Art, cette propriété même exclufive a-t-elle
eu lieu ? L'Hiftoire des faits ne nous prouve-t-elle pas
qu'avant la création des Priviléges, un Libraire qui
donnoit un Ouvrage au Public n'avoit que l'efpérance
de la nouveauté, il étoit fur le champ contrefait par la
voie de l'impreffion dans toutes les Provinces : il l'eft.
encore aujourd'hui chez les Etrangers, quand l'Ouvrage mérite les honneurs de la réimpreffion ; actuellement même, les Livres qui ne font pas dans le cas
de la grace du Privilége, ne font-ils pas un bien commun de toute la Librairie ?

Perfonne ne s'eft jamais élevé contre les contrefaçons de ce genre : on ne s'eft jamais cru en droit
de pourfuivre ceux qui réimpriment les Ouvrages
qui n'ont qu'une fimple Permiffion, quoique la propriété étant une, devroit s'étendre fur tous les Livres
indiftinctement.

Il eft donc certain que s'il n'y avoit pas de Priviléges, non-feulement les Etrangers s'empareroient
de nos meilleurs Ouvrages, comme ils le font tous.
les jours, mais tous les Livres donnés dans le Public,
deviendroient un bien commun de tous ceux qui
exercent l'Imprimerie ou la Librairie, puifque cela a
lieu tous les jours pour les Ouvrages qui n'ont point
de Privilége ; la propriété, dans ce cas, ne s'éten-
droit que fur les Éditions qu'on a faites, qu'on feroit
en droit de refaire ; tous les Livres rentreroient dans
la claffe ordinaire des produits de l'induftrie humaine,
& n'auroient point de droit à une jouiffance exclufive.

Cette pofition ne feroit pas bien favorable ni à l'Homme de Lettres , ni au Libraire fon ceffionnaire : fi elle eût long - tems fubfiftée , il eft probable que l'Imprimerie auroit eu très-peu d'activité , parce que les Gens de Lettres fentant l'impoffibilité de retirer du fruit de leurs travaux , s'y feroient livrés avec moins d'ardeur.

Le Gouvernement confidérant qu'un Ouvrage exige fouvent de la part de l'Auteur plufieurs années d'un travail affidu & difficile , & de la part du Libraire des avances confidérables , a cru devoir venir à leur fecours ; car il devoit paroître fouverainement injufte qu'un Homme de Lettres qui avoit employé une partie de fa vie dans la compofition d'un Ouvrage , dont la Nation quelquefois s'honorcit , ne fût pas favorifé , & que le Libraire , fon ceffionnaire , n'eût pas le tems de jouir de fon acquifition. Ce fut donc pour diminuer le tort que les contrefaçons occafionnoient , que le Souverain jugea à propos d'accorder des Lettres de Privilége , qui donnoient , pendant un tems limité , le droit exclufif de vendre un Ouvrage , & qui affujettiffoient à des peines celui qui dans l'intervalle de ce tems le contrefaifoit.

De la propriété en Libraire , unie avec le Privilége.

Le Privilége fut donc établi pour arrêter les contrefaçons , & favorifer les plus belles productions de l'efprit humain. L'envie de les répandre , foutenue de l'appas du gain , donna lieu d'abord à cette efpece de contrebande que le Souverain crut avec raifon devoir réprimer ; car , quoique la contrefaçon n'ôte pas la propriété proprement dite , il faut convenir qu'elle la bleffe , & lui ôte de fa valeur. Mais n'en eft-il pas de même de toutes les productions de l'induftrie ? Un fecret ne perd-il pas de fon prix pour l'Inventeur , lorfqu'il eft découvert ? Une gravure , un deffein , dont les copies fe multiplient par la voie des contrefaçons ou de l'imitation , n'éprouvent-ils pas les mêmes défagrémens ? Tous les Arts mécaniques font dans le même cas. Tous pourroient réclamer une jouiffance exclufive , qu'on n'a pas cru devoir leur accorder, parce qu'elle feroit contraire à l'intérêt commun du Public, & aux progrès de l'induftrie. Il eft fi vrai qu'ils auroient les mêmes droits à cette jouiffance exclufive, qu'elle a été accordée à Londres aux Peintres & aux Graveurs. Un Acte du Parlement de 1734, renouvellé en 1766, leur donne pendant 28 années le droit exclufif de vendre leurs Ouvrages, & foumet à des peines ceux qui les contrefont ou les copient.

Le Privilége a donc pour objet de favorifer l'Homme de génie. C'eft une grace du Souverain, qui donne pendant un certain nombre d'années une jouiffance exclufive, qui n'auroit pas eu lieu fans le Privilége. Si le Privilége devoit être perpétuel, on ne l'eût pas de tout tems limité à 6, 9, 12, 15, années, &c. On n'eût donné qu'un feul Privilége qui auroit confirmé le droit d'un Auteut ou d'un Libraire pour l'éternité. Le Privilége en Librairie n'eft point différent des autres Priviléges que le Roi accorde dans les autres Commerces. Tous ces Priviléges ne font-ils pas limités? Et le bien public n'exige-t-il pas qu'ils le foient? Le Gouvernement n'eft-il pas même expofé à des réclamations continuelles contre ces Priviléges exclufifs, quoique limités.

Un Livre donné au Public n'eft-il pas un objet de commerce, & ne doit-il pas en fuivre les regles? Mais, dira-t-on, la prééminence de ce genre d'Ouvrages mérite une diftinction particuliere: on eft vingt ans à faire un bon Livre, & il n'y a pas de production dans les Arts, d'invention dans la Mécanique, qui exige un tems auffi confidérable. (*)

L'Homme de Lettres doit être encouragé, il faut lui rendre fon travail utile : auffi le Souverain, confidérant que les Livres méritoient fon attention particuliere, s'eft-il déterminé à donner des Priviléges pour mettre cette efpece de propriété à l'abri de la concur-

---

(*) Il y a cependant des Machines qui ont coûté 40 ans d'affiduité & de travail à leurs Auteurs. La *Montre marine*, de M. *Harriffon*, eft dans ce cas, & on ne lui a point accordé de Privilége exclufif: on pourroit encore citer la *Pompe à feu*, où le génie a eu befoin d'être aidé des lumieres de la Phyfique.

rence pendant un certain tems ; & la plus grande marque de faveur qu'il ait jamais accordée au talent, eſt de convertir en immeubles, comme il vient de le faire par les nouveaux Arrêts, en propriété perpétuelle pour les Gens de Lettres, pour eux & leurs deſcendans, une jouiſſance qui juſqu'à préſent avoit toujours été limitée.

Les Libraires de Paris citent ſans ceſſe le célebre Chancelier M. d'Agueſſeau, ſous le Miniſtere duquel le Réglement de 1723, ſi favorable aux renouvellemens de Privilége, fut promulgué.

Les Libraires de Province, leurs adverſaires, leur objectent que M. le Chancelier d'Agueſſeau n'eut aucune part à ce Réglement ; ils aſſurent qu'il fut entiérement rédigé par des Libraires de Paris, ſous les yeux de la Chambre Syndicale, & ils le prouvent, parce que ce Réglement n'eſt point digne de ce Grand Magiſtrat; ils le trouvent rempli de futilités, de détails minutieux, que l'eſprit mercantil ſeul peut avoir enfanté & ſuggéré. Les Libraires de Province repréſentent qu'autrefois les Priviléges n'étoient pas éternels. Leur renouvellement eſt une invention moderne des Libraires de la Capitale.

Ils diſent qu'il leur ſuffiſoit autrefois de repréſenter devant les Juges des lieux que le Privilége d'un Ouvrage étoit expiré, pour obtenir la permiſſion de le réimprimer.

Ce n'eſt que depuis les Lettres Patentes ſurpriſes le 2 Octobre 1701 par les Libraires de Paris, contre le texte de la Loi, qui n'en dit pas un mot, que cette prétention de renouvellement perpétuel de Privilége s'eſt établie. C'eſt depuis cette époque qu'on a penſé à convertir une jouiſſance de grace en une propriété de droit, & de vouloir la rendre perpétuelle. Les Lettres Patentes du 1ᵉʳ Juin 1618, ſont bien formelles à ce ſujet ; elles défendent expreſſément ces renouvellemens de Priviléges.

Les nouveaux Statuts de 1620, dreſſés par la Librairie de Paris, y ſont conformes. Le Réglement du Parlement de Paris, de 1657, n'autoriſe le renouvellement de Privilége, que dans le cas d'augmentation du quart.

La contrefaçon n'a fait tant de ravages dans les Provinces, que depuis que la Librairie de Paris a voulu tout envahir ; ſes prétentions exceſſives ont produit ſes malheurs. Les Dépoſitaires de l'autorité ne pouvoient être favorables à des Priviléges excluſifs & éternels qui mettoient tout dans les mains des Libraires de la Capitale , & ne laiſſoient rien à ceux des Provinces. Si on eût appellé ces derniers aux Ventes de la Chambre Syndicale de Paris , comme il eût été prudent de le faire ; ſi on leur eût permis la réimpreſſion de quelques Ouvrages anciens , dont on ſe diſoit propriétaire , quoique ſouvent on eût été fort embarraſſé de montrer le titre de propriété ; ils ne ſe feroient pas jettés à corps perdu dans les contrefaçons. On ne cherche point à faire un commerce périlleux , qui expoſe à chaque inſtant , & qui compromet l'honneur & la réputation , quand on peut trouver des reſſources dans un commerce ſûr & réglé. L'effet de tout Privilége étant la permiſſion excluſive d'imprimer & de publier pendant un certain tems un Ouvrage qui ſans ce Privilége ſeroit expoſé à l'imitation , à la concurrence , à la contrefaçon , il faut avouer qu'il devient le principal attribut de la propriété ; ce Privilege étant une grace du Souverain , eſt tout entier dans ſes mains. Autrefois même , quand les Bibliotheques étoient moins multipliées , & que le nombre des Amateurs n'étoient pas à beaucoup près auſſi grand qu'il l'eſt aujourd'hui , les Imprimeurs , ſentants l'impoſſibilité de conſommer une Edition dans l'intérieur du Royaume , furent quelquefois obligés de recourir aux Puiſſances Etrangeres , à l'Empereur , aux Rois d'Eſpagne , pour leur demander des Priviléges excluſifs ; mais ils ne furent jamais accordés que pour un tems limité.

Nous avons encore actuellement des Ouvrages , comme les Uſages de l'Ordre de Cîteaux , qui jouiſſent de cette faveur. Les Editions que M. Lambert , Imprimeur , fait à Paris des Livres d'Uſage des Bernardins , ſont pour tous les Ordres de l'Europe ; & cette grace étoit néceſſaire , parce que l'impreſſion de ces ſortes de Livres étant très-coûteuſe , & cette eſpece de fonds étant toujours ſubſiſtante , exige des avances qui demandent fans ceffe à être renouvellées. Tous les Livres d'Ufage, par cette raifon, ont été diftingués dans les nouveaux Arrêts.

Mais fi le Roi ne difpofe pas de nos propriétés, pourquoi à l'expiration du Privilége d'un Ouvrage, le donne-t-il à tous ceux qui veulent l'obtenir? Pourquoi en fait-il une grace commune à toute la Librairie? On confond toujours la propriété avec le Privilége. Votre fonds eft à vous, le Roi ne veut point en difpofer; mais comme il vous a fait la grace de joindre à votre propriété un Privilége qui vous accordoit une jouiffance exclufive pendant un certain tems, ce qui étoit un peu contraire à l'intérêt du bien commun du Public, il veut à l'expiration, parce qu'il eft le Maître de fes graces, en difpofer en faveur de ce même Public; & fans vous ôter la propriété de votre Ouvrage, en permettre la concurrence, l'imitation à tous ceux qui exercent la Librairie ou l'Imprimerie.

» Vous prétendez que l'origine de la fixation des
» Priviléges ne doit être attribuée qu'aux Ouvrages
» dont la propriété n'appartenoit à perfonne, comme
» un *Nouveau Teftament*, une *Imitation*, un *Virgile*,
» parce que ces Livres n'appartenant pas plus à un
» Imprimeur qu'à un autre, aucun n'ayant payé
» l'Auteur, la juftice vouloit qu'on reftreignît le droit
» commun que tous avoient de l'imprimer, autant
» qu'il étoit néceffaire pour remplir l'Imprimeur de
» fes frais.» Si cela eft, pourquoi n'en accorde-t-on pas pour une foule d'Ouvrages nouveaux qui paroiffent avec de fimples permiffions? Pourquoi de tout tems les Priviléges ont-ils été limités? Pourquoi autrefois étoit-il défendu de demander des renouvellemens de Priviléges? Pourquoi les Libraires de Province ont-ils toujours réclamé contre ces renouvellemens? Pourquoi avez-vous toujours regardé comme une grace plus étendue la durée d'un Privilége qui excédoit le terme ordinaire de fix années? La propriété ne réfide pas dans le Privilége, c'eft la ceffion, la vente, le tranfport d'un Auteur à un Libraire: on en convient; mais bornez-vous-y donc.

Si vous follicitez les graces du Roi, pour augmenter le prix de votre acquifition, pour convertir une jouiffance que vous n'auriez qu'en concurrence, en une jouiffance exclufive, pourquoi donc exigez-vous que ces graces foient éternelles ? Le Roi en eft-il le Maître ? Vous n'oferiez le lui contefter : & s'il l'eft, pourquoi voudriez - vous le forcer à donner à fes bienfaits une extenfion qu'ils n'ont jamais eue , & que le bien public & les progrès de l'induftrie exigent qu'ils n'ayent pas ?

En Angleterre, où les droits facrés de la propriété font plus inviolables qu'ailleurs , les Priviléges font limités à 14 années , & fi l'Auteur furvit à ces 14 années, il obtient un dernier Privilége de 14 autres années. On a bien fenti qu'il ne falloit pas confondre les propriétés avec le Privilége. L'un eft une grace du Souverain, l'autre eft le *jus in re.*

En 1774 , les Libraires de Londres ont élevé contre les Libraires d'Ecoffe , les mêmes prétentions que les Libraires de Paris élevent aujourd'hui contre les Libraires de Province ; l'affaire a été difcutée par les Hommes les plus célebres de l'Angleterre , jugée en plein Parlement, c'eft-à-dire , par la Nation affemblée : les Libraires de Londres ont perdu , & le Statut de la Reine Anne a été confirmé.

Il eft aifé maintenant de fe former une idée nette de la propriété en Librairie & du Privilége.

Un Auteur & un Libraire n'ont, à proprement parler , que la propriété du Manufcrit & des éditions qu'ils ont dans leurs magafins ; ils peuvent les renouveller tant qu'il leur plaît à perpétuité.

Cette propriété ne feroit pas exclufive fans la volonté du Souverain, puifqu'une foule de productions de l'efprit humain n'ont pas encore ce droit, & qu'elles auroient les mêmes raifons de les réclamer, fi les droits naturels de la fociété ne s'y oppofoient pas.

Le Privilége ne donne, ni n'ôte la propriété ; c'eft une grace du Souverain qui augmente la valeur de la propriété en Librairie , en accordant à de certains Ouvrages une jouiffance exclufive, quoique limitée, dont ils ne jouiroient pas fans cette faveur.

Les Arrêts sont très-favorables à la vente des nouveaux Ouvrages.

» Le droit de propriété emporte celui de tirer de
» mon fonds le meilleur parti possible. »

Les nouveaux Réglemens n'y mettent aucun obsta-
cle : ils ne dépouillent ni leurs Auteurs, ni leurs
Ceffionnaires de la propriété proprement dite ; ils permettent feulement au bout d'un certain tems une concurrence légale que les Libraires de Province s'étoient
procurée jufqu'ici par une voie illicite. Le mal exiftoit,
il exiftoit trop généralement, pour qu'on pût l'arrêter :
d'ailleurs, comment profcrire pour une fomme immenfe
de Contrefaçons qui exiftent actuellement dans le
Royaume ? On prétend qu'il y en a pour plus de fix
millions. Il n'y avoit d'autre parti à prendre que celui
qu'indiquent les Arrêts : c'étoit d'accorder une am-
niftie, en multipliant les peines pour les nouvelles
Contrefaçons, & en prenant toutes les précautions
pour les prévenir dans la fuite. La Contrefaçon
n'exiftant donc plus pour les nouveaux Ouvrages,
n'eft-il pas clair que la propriété des Gens de Lettres,
même en cédant leurs Manufcrits, a réellement une
valeur double, triple de celle qu'elle avoit ci-devant.
Il n'y a perfonne qui ne fente qu'une jouiffance certaine, affurée, exclufive de 10, 15, 20, 30 années
d'un Ouvrage, eft infiniment préférable à cette même
jouiffance perpétuelle, mais expofée à mille concur-
rences dès les premiers jours. Celle des Libraires,
quoique limitée, eft auffi confidérablement augmentée par la même raifon.

Il paroît donc bien prouvé que la Contrefaçon étant
profcrite pour toujours, la propriété eft augmentée,
quoique le terme du Privilége foit limité, la jouiffance
étant exclufive. On ne manque pas d'objecter que cette
propriété auroit encore eu une plus grande valeur,
fi on eût voulu la rendre exclufive & perpétuelle pour
les Libraires, comme on l'a fait pour les Gens de
Lettres ; mais ne voit-on pas qu'on demande à l'Etat,
au Gouvernement une chofe impoffible. Si on la veut

perpétuelle,

perpétuelle, elle ne fera plus excluſive, par la raiſon
que toute propriété d'induſtrie perpétuelle étant nui-
ſible au bien public, aux vues du Gouvernement,
aux progrès de l'induſtrie, & qu'une telle propriété ne
pouvant ſe ſoutenir que par la protection de l'Adminiſtration, elle ne peut y être favorable, que quand
elle ſera limitée. Elle eſt perpétuelle & excluſive,
dira-t-on encore, pour les Gens de Lettres, tant qu'ils
conſervent leurs Ouvrages ; mais qui ne voit qu'ils
ne les garderont pas toujours ? C'eſt une grace de
diſtinction qui n'entraîne preſqu'aucun inconvénient.
Peu de Gens de Lettres voudront prendre le ſoin de
vendre leurs Ouvrages chez eux : cette vente exige
des frais, entraîne des embarras ; elle les obligeroit
toujours de paſſer par les mains des Libraires pour la
vente en détail, ce qui les mettroit dans le cas d'une
double remiſe : cette vente ſera néceſſairement bornée,
parce qu'ils n'auront pas la voie des Echanges, qui
eſt le grand moyen de conſommation dans ce Commerce. Si l'Ouvrage a le malheur de ne pas réuſſir,
nulle-poſſibilité alors de s'en défaire à aucun prix ; la
crainte de ſe ruiner fera preſque toujours préférer la
voie de la Ceſſion ; & ſi par haſard quelques Gens
de Lettres expoſent une partie de leur fortune à des
riſques, dans l'eſpoir de l'augmenter, bientôt fatigués
de l'ennui des détails, de la lenteur des rentrées, des
crédits exceſſifs, de la difficulté des expéditions, du
peu de bénéfice des éditions ſubſéquentes, ils renon-
ceront tôt ou tard à des eſſais qui leur auroient pris
beaucoup de tems, ſans leur avoir procuré de bien
grands avantages.

Il eſt certain que ſi les Priviléges étant excluſifs &
perpétuels, euſſent été reſpectés ; ſi la contrefaçon
n'eût pas eu lieu dans les Provinces & chez l'Etranger, les Libraires étant alors ſeuls Propriétaires d'un
» Livre, auroient pu les mettre à un prix exorbi-
» tant, & faire ainſi la loi aux acheteurs. » Ce monopole s'exerce encore aujourd'hui ſur quelques Ouvrages dont les Editions tendent à leur fin : quand il ne
reſte que 50 à 60 d'un Livre, le Libraire propriétaire,
eſt bien le maître d'y fixer le prix qu'il veut ; mais

B

ce monopole n'a gueres lieu que fur des reftes d'éditions d'Ouvrages confidérables qu'on ne compte pas réimprimer.

Il n'eft point d'ailleurs particulier à la Librairie, il eft un objet de fpéculation ordinaire dans beaucoup d'autres Commerces ; l'abondance ou la rareté d'une marchandife en fixe affez communément le prix. Sur les petits Ouvrages, ce monopole a eu rarement lieu ; il eût été même mal-entendu fur ceux d'un débit rapide ; car, comme le remarque très-bien l'Auteur de la Lettre à un Ami, la perfpective de n'avoir plus dans dix ans le droit exclufif de vendre, forcera les Libraires à baiffer le prix : Eh ! mais ils l'ont cette perfpective, dit-il, » non pas dans un éloignement de
» dix ans, mais dans le moment même de la publi-
» cité de l'Ouvrage ; car ils fçavent que s'il eft bon,
» il va être infailliblement contrefait ; que c'eft le
» fort de tout bon Livre, & que toute la vigilance
» de la Police n'a jamais pu, ou n'a jamais voulu em-
» pêcher efficacement ces vols que la cupidité fe per-
» met fans fcrupule ; il eft donc de l'intérêt des Li-
» braires, & de leur intérêt le plus preffant, de mettre
» à ce Livre une valeur capable de précipiter d'abord
» le débit avant la contrefaçon, & enfuite de le
» foutenir à un prix affez modéré pour balancer l'avan-
» tage que préfente le Libraire contrefacteur, s'ils ne
» veulent pas que les Ouvrages reftent en entier dans
» leurs magafins. »

D'après cette expofition naïve & véritable, il eft bien étrange que les Arrêts ayent fait une fi grande fenfation. Si les Libraires de Paris font bien convaincus, que tout Ouvrage qui eft bon eft infailliblement contrefait, comme ils ne l'ont que trop appris à leurs dépens, les Arrêts, bien-loin de leur être nuifibles, leur font très-favorables, car ils leur donnent la certitude qu'ils ne feront plus contrefaits à l'avenir ; & quant à la limitation des Priviléges, elle doit leur être abfolument indifférente, car elle ne leur ôte ni leur fonds, ni leur part d'intérêts, ni le droit de réimprimer ; feulement elle permet, elle autorife une concurrence, qui, de leur propre aveu, avoit lieu dès le commencement dans toute la durée du Privilége.

Le Défenfeur de la Librairie a fait , au fujet du monopole, une réflexion qui , au premier coup d'œil,
paroîtroit détruire ce qu'on avance dans les Arrêts.
» Mais fi ce monopole eft fi funefte au Public , pour-
» quoi donc le légitimer entre les mains des Auteurs ?
» Car enfin, fi on craint avec fondement ce mono-
» pole de la part du Libraire à qui on laifferoit un
» Privilége à perpétuité , on doit le craindre égale-
» ment de la part des Auteurs , de leurs héritiers ,
» jufqu'à la fin des fiécles. » Il eft certain que l'inconvénient fubfifte du côté des Auteurs : libres à perpétuité de leurs Ouvrages , ils feroient les maîtres
d'y fixer un prix arbitraire , onéreux au Public , & qui
pourroit l'être d'autant plus , que l'Ouvrage feroit
meilleur , & que le Public le defireroit d'avantage.
Cependant ce furhauffement dans le prix ne pourroit
jamais être fort confidérable ; car l'Auteur ayant
encore moins de moyens de débit que le Libraire ,
doit néceffairement , s'il veut retirer promptement fes
avances , y mettre un prix modéré : d'ailleurs , ce qui
feroit un inconvénient pour toute la Librairie , devient
d'une conféquence infiniment moindre dans la main
des Gens de Lettres , parce que , comme nous l'avons
déja dit plus haut , il y en aura très-peu parmi eux
qui garderont leurs Ouvrages , à caufe des embarras
qu'ils entraînent, & des rifques auxquels ils peuvent
les expofer.

Un coup d'œil fur l'état actuel de la Librairie de
Paris , ne prouve que trop , que le monopole n'a pas
eu une grande influence fur les fortunes.

De toutes les branches de Commerce , il n'y en
a point de plus ingrate. Sur quatre cens Maifons
de Librairie , on n'en citeroit pas dix de riches , &
ces fortunes encore n'ont pas à beaucoup près l'éclat
de celles qui fe font faites dans beaucoup d'autres
Commerces. Comme les Livres ne font pas de premiere néceffité , il y a un art de les produire , de
les vendre , qui devient très-fatiguant à la longue. Les
Echanges demandent de l'attention & de l'intelligence ,
car un Livre n'eft jamais repréfenté par un autre Livre ;

& quand deux Libraires traitent en change, si tous deux ne font pas éclairés & fur leurs gardes, il y a toujours une dupe, & la duperie dans cette efpece de troc, monte à plus de 50 pour $\frac{o}{o}$. Les Libraires de Paris qui traitent en général avec bonne foi & fincérité, ont été long-tems la dupe & la victime de cette efpece de trafic.

D'où vient ce peu de fortune des Libraires de la Capitale ? De leurs prétentions exceffives, de ces Priviléges éternels, de cette ombre de propriété, violée, attaquée dès les premiers jours de leur jouiffance. Si les Libraires de Paris euffent fenti, il y a vingt ans, que la contrefaçon n'étendoit fes ravages dans toute la France, que parce qu'on ne vouloit rien céder aux Libraires de Provinces, ils auroient abandonnés ces prétentions deftructives : les Magiftrats euffent alors été favorables à leurs demandes, les Contrefacteurs auroient été pourfuivis ; & s'il exifte, comme on n'en peut douter, pour plus de fix millions de contrefaçons dans la Librairie de Province, il eft certain que depuis vingt ans, il en a été fait ou confommé pour plus de trente millions ; & fi ce produit immenfe eût été verfé dans les coffres des véritables Propriétaires, il y auroit pour dix millions de fortunes de plus dans la Librairie de Paris.

La nouvelle Loi protege les Libraires de Province, fans faire de tort réel au Libraire de Paris : elle met une forte d'équilibre entre les uns & les autres, en les rendant participans aux graces du Souverain.

Les Libraires de Province font nos freres, & on les avoit un peu traités en bâtards : la nouvelle Loi rétablit l'égalité. Quoiqu'on en dife, les Libraires de Province n'avoient pas de moyens faciles pour acquérir des *Manufcrits*, faire des Ouvrages nouveaux. Eloignés de la Capitale, n'ayant pas d'occafions fréquentes d'y venir, n'ayant nulle relation avec les Gens de Lettres, qui en général vivent à Paris, on ne feroit pas venu les chercher pour traiter avec eux. L'acquifition, d'ailleurs, des Manufcrits ne leur convenoit pas : plufieurs ont effayé de ce genre de commerce, & s'en font mal trouvés, parce qu'ils prétendoient que les Libraires de Paris, jaloux de la

préférence des Livres nouveaux , ne vouloient pas
se prêter à favoriser leurs entreprises ; ils se plaignoient
que lorsqu'ils envoyoient leurs Nouveautés à Paris , ,
on ne les produisoit pas ; d'ailleurs ils ne pouvoient
jamais avoir , en fait de Nouveautés , que les rebuts
de la Capitale , & cette seule raison ne pouvoit pas
les encourager à cette espece d'entreprise. L'heureuse
idée des deux Foires par an , & de leur admission à ces
Foires , va enfin rétablir l'union.

Les Libraires de Paris avoient d'abord rejetté l'idée
de ces ventes , aujourd'hui ils les admettent d'une
voix unanime ; & l'on peut se persuader que, lorsque
les premiers effets de cette fermentation seront passés ,
les Libraires de la Capitale , plus éclairés , ne verront
pas dans ces nouveaux Arrêts tout le mal qu'ils
croient actuellement y trouver. Ces deux Foires ou
Ventes publiques doivent changer la face de la Librairie ,
& présentent des avantages sans nombre. Les princi-
paux Libraires de Province , en venant à ces Foires
deux fois par an , pourront profiter , étant dans la
Capitale , de cette circonstance pour traiter de Manus-
crits : les Gens de Lettres y trouveront l'avantage
d'un plus grand nombre de concurrens. La limitation
des Priviléges forcera nécessairement les Libraires de
Paris , vers le tems de leur expiration , à convertir
leurs Livres de sortes en de nombreux assortissemens ;
les Ventes leur en offriront de fréquentes occasions :
ce commerce d'assortimens est en Librairie ce qu'il y
a de plus sûr , de plus réel. On peut réaliser en six
mois le fonds d'assortimens le plus considérable ; un
Magasin de sortes ne peut souvent pas l'être en dix ans.

*La nouvelle Loi favorise l'émulation , par la
concurrence qu'elle établit entre les Libraires de
Province & ceux de la Capitale : les uns les
autres ayant au bout d'un certain tems les
mêmes droits sur tous les Ouvrages.*

On paroît douter de ce principe , cependant il n'y
en a point de plus vrai. Nous n'examinerons point si

l'Etat a eu tort ou raison de donner d'abord la plus entiere liberté de tous les Arts & Métiers , & de la restreindre ensuite.

L'examen de cette question n'a point de rapport à l'objet dont il s'agit ; car les Jurandes , les Maîtrises exclusives ne regardent que la police intérieure des Corps ; elles n'ont pas en vue la concurrence ; elles veillent sur elle , préviennent les fraudes particulieres , les indiquent , remédient aux abus ; mais elles n'arrêtent , ni n'empêchent la concurrence.

Les Priviléges en Librairie font précisément le contraire ; ils mettent dans une même main la propriété exclusive d'un Ouvrage , qui dans toutes les autres professions appartient par l'usage à tous ceux qui s'en emparent.

Un Chymiste , par exemple , aura passé sa vie à trouver un remede , il y aura dépensé toute sa fortune , ruiné sa santé ; cependant, s'il vient à publier son secret, & si l'on parvient par l'analyse à le découvrir , il perd tout le fruit de son travail ; chacun croit être en droit de l'imiter : nous avons une foule de secrets utiles, qui font dans ce cas ; je ne citerai que le Sel de Seignette : la découverte en est dûe à un Apothicaire de la Rochelle de ce nom, il l'a tenue secrette tant qu'il l'a pu ; mais MM. *Boulduc* & *Geoffroi* en ayant découvert & publié la composition , tous les Apothicaires de Paris contrefont aujourd'hui ce Sel , & les paquets qu'ils nous vendent fous le nom & le le cachet de Sel de Seignette , ne contiennent qu'un fel de leur composition , entiérement semblable, à la vérité, à celui de la Rochelle : la découverte d'un remede aussi précieux, ne méritoit-elle pas autant la protection du Gouvernement , qu'une foule d'Ouvrages revêtus de Lettres de Priviléges ? N'étoit-ce pas une propriété du même genre , une idée aussi susceptible de la même prétendue propriété perpétuelle pour l'Apothicaire de la Rochelle , qu'un Livre ? Ne pouvoit-il pas prétendre , avec autant de raison , à une vente exclusive & perpetuelle ? Cependant l'Apothicaire de la Rochelle n'a obtenu ni l'un ni l'autre.

On prétend que dans la Loi nouvelle la concurrence eft impraticable , parce que les Libraires de Paris payent tout plus cher , papier , impreffion , relieure , frais de magafin.

S'il eft queftion de Livres nouveaux , l'objection tombe d'elle-même ; car n'y ayant plus de concurrence , puifque la contrefaçon n'aura pas lieu , le Libraire fçaura bien mettre un prix modéré à l'Ouvrage qui ne rebutera pas le Public. Il ne peut donc être queftion que de Livres dont les Priviléges font expirés , & que les Libraires de Paris & de Province auront un égal droit à réimprimer.

L'objection pour cès dernieres entreprifes préfente quelques fondemens ; mais il eft aifé d'y répondre. D'abord ces impreffions en Province ne feront pas auffi fréquentes qu'on fe l'imagine , parce qu'un Imprimeur , avant de les entreprendre , confultera le tableau , où , par les nouveaux Arrêts , les nouvelles Editions feront infcrites ; & il ne s'en chargera que dans le cas d'un avantage réel. Les Libraires de Paris , par leur pofition , peuvent aifément former des Sociétés ; une Edition de 1000 Exemplaires , ne produira alors pour eux que l'effet d'un Livre d'affortiment. Si la fabrique des Livres eft plus chere à Paris , comme ils font en général plus foignés , plus corrects , mieux reliés , il y a une certaine partie du Public éclairé qui les préfere , & qui ne tient pas à payer 5 & même 10 fols de plus pour avoir une belle édition.

Cette concurrence , fans être deftructive pour les Libraires de Paris , fera utile à ceux de la Province. Comme en tout état , on ne multiplie les denrées qu'à proportion de la confommation , fi quelques Imprimeurs de Province fe livroient imprudemment & fans examen à ces réimpreffions en concurrence , le défaut de circulation leur apprendroit bientôt à être plus circonfpects. Si les Libraires de Paris forment entr'eux des fociétés pour les impreffions des Ouvrages de Priviléges expirés , ceux des Provinces dans les grandes Villes en pourront faire de même. Une courageufe & prudente induftrie naîtra de toutes parts. Tout fe met dans le Commerce infenfiblement en équilibre. Pourquoi donc craindre que les Libraires en général plus inftruits , plus éclairés que les autres Négocians, n'apportent pas dans leurs entreprifes toute la fageffe qu'elles exigent ; il faut laiffer agir l'intérêt, ce puiffant mobile de toutes les affaires. On forme des craintes chimériques, on augmente les alarmes, lorfqu'on dit que les Libraires de Paris feront réduits à n'imprimer que des Mémoires de Palais, des Romans, des petites Brochures ; lorfqu'on nous repréfente les Preffes abandonnées, les Ouvriers Imprimeurs défertans la Capitale. Tout le contraire doit arriver, & l'Article fuivant en convaincra.

Rétabliſſement de l'Art même de l'Imprimerie.

La Loi nouvelle nous fait préfager des progrès dans le bel Art de l'Imprimerie.

Les Libraires expofés jufqu'à préfent à tous les inconvéniens de Contrefaçons deftructives, dans les premiers momens même de leurs jouiffances, fentoient l'impoffibilité ou la difficulté d'entreprendre aucun Onvrage de luxe ; nous en venons de voir un exemple par rapport à un Ouvrage moderne qui a eu beaucoup de fuccès : je veux parler de l'*Hiftoire des Incas*, de M. *Marmontel.*

L'Edition de Paris eft belle, foignée, ornée de gravures des meilleurs Maîtres. M. Lacombe, qui a fait cette acquifition, pouvoit efpérer qu'elle lui feroit utile ; mais le débordement de Contrefaçons qu'il y en a eu, a tellement nui à l'Edition de Paris, qu'on nous a affuré que le Libraire n'avoit pas même pu retirer fes avances. Si les nouveaux Arrêts euffent eu lieu, Cette Edition originale fe fût vendue, parce qu'étant feule pendant quelques mois, l'empreffement du Public l'eût fait débiter ; M. Lacombe, au bout de quelque tems, auroit fait des Editions d'un prix modéré, pour fatisfaire toutes les claffes de Lecteurs.

A l'avenir le Libraire de Paris, affuré d'une vente exclufive pendant la durée de fon Privilége, ne craindra pas d'employer du beau papier, des caracteres neufs, &c. il veillera à la correction des épreuves, & il ne travaillera pas à la hâte : comme il fera fûr d'être feul, il pourra joindre des Editions de luxe à

des Editions ordinaires. En fuppofant qu'à l'expiration
du Privilége, il lui refte des exemplaires des premieres,
il n'en fera point embarraffé, parce que les Livres
de luxe ne fe réimpriment pas. Les fpéculations feront
toujours affurées, & l'Art de l'Imprimerie prendra à
Paris & dans les Provinces un nouveau dégré de dé-
veloppement.

La nouvelle Loi doit être l'époque des plus grandes entreprifes.

Les Contrefaçons étant générales, & la Police ne
voulant, ou ne pouvant en arrêter le cours, il
n'étoit plus poffible de fe livrer à aucune grande entreprife.

Dans le plan de la nouvelle Loi, les Contrefaçons
n'ayant plus lieu, on ne courra plus le rifque dans
les commencemens de la nouveauté d'une entreprife,
d'une concurrence dangereufe ; la durée des Priviléges étant proportionnée à la grandeur des entreprifes,
au tems qu'elles exigent, le Gouvernement intéreffé
à les protéger, accordera aux Libraires le tems néceffaire pour ne pas être fruftré du fruit de leurs
avances ; car les Arrêts difent que la moindre durée
des Priviléges fera de dix ans, & ne les fixent point
à ce tems.

Madame *Defaint* ne s'eft chargée de l'entreprife un
peu lourde de *St. Grégoire de Naziance*, que parce
qu'elle a cru qu'elle lui feroit, utile ; elle peut être
bien affurée qu'on ne la lui contrefera pas, & le
Gouvernement ne lui refuferoit pas un Privilége exclufif de 50 ans, fi elle croyoit en avoir befoin.

Cette Dame eftimable a donné dans la Librairie
plufieurs exemples de la hardieffe de fes vues. Le Public lui doit des entreprifes importantes ; elle feule
a eu le courage de faire des defcentes chez les Libraires
qui avoient attaqué fa propriété. Elle a dépenfé plus
de vingt mille livres pour défendre fes droits, & fes
démarches courageufes prouvent la difficulté de conftater le délit des Contrefacteurs, l'impoffibilité même
d'en venir à bout, fi on n'accorde pas aux Libraires

de Paris & aux Gens de lettres , les feuls moyens faciles que nous indiquerons dans la fuite.

Ces charmantes Editions d'*Horace* , de *Tacite*, de *Sallufte* , qui honorent les Preffes de MM. *Barbou* , *Delatour*, de *Villeneuve* , &c. n'ont rien à redouter de la concurrence, le Privilége exiftant ou n'exiftant pas : leur prix eft dans la beauté de leur exécution. Tout ce qu'on dit à ce fujet eft fi déplacé, que ces Ouvrages étant fans propriété , chacun a le droit d'en entreprendre. Si certaines Editions , comme le *Térence*, n'ont point eu de fuccès , il n'eft point à craindre qu'on les réimprime à l'expiration des Priviléges. Les Libraires de Province entendent trop bien leurs inté-rèts , pour attaquer ces fortes d'Ouvrages.

Du rétabliffement du Commerce , & de l'Impôt à 20 livres.

La Librairie gémiffante fous le poids des défordres ; reprendra fon ancien état de fplendeur ; on projettera fans crainte des entreprifes nouvelles , on s'y livrera avec confiance , parce que le Privilége refpeĉté , ga-rantira la propriété. Sur dix Ouvrages qu'on impri-moit autrefois, il en reftoit huit dans les magafins : ce mal ne fera plus fi étendu : il faudroit qu'un Ou-vrage fût bien mauvais , pour qu'on ne pût pas dans le cours du Privilége en vider les magafins, fi ce n'eft en argent, au moins par la voie des échanges. Cela n'étoit pas poffible avant la nouvelle Loi , parce que tout étant contrefait, grands & petits Ouvrages, bons & médiocres, mauvais & même déteftables, les Edi-tions originales devoient néceffairement refter à la charge des Libraires de Paris.

Pour détruire radicalement toutes les fources de la Contrefaçon, pour anéantir à jamais cette hydre re-naiffante, les Libraires de Paris & ceux des Provinces devroient fe réunir pour demander le rétabliffement de l'Impôt à Vingt livres le quintal , ou la diminution de l'Impôt fur le papier blanc.

L'Impôt modéré à Vingt livres étoit très-fagement établi & bien combiné avec l'Impôt impofé fur le papier

blanc ; car il eſt contraire à l'intérêt des Papeteries &
de la Librairie, qu'on ait laiſſé ſubſiſter l'un, en dé-
truiſant l'autre. Si les Libraires de Paris, que la dé-
fenſe d'une ombre de propriétés occupe dans ce moment - ci, ſçavoient défendre à propos leurs intérêts,
ils n'auroient pas laiſſé détruire cet utile Impôt ſur les
Livres étrangers, qui ne l'a été que ſur les ſpéculations, ſur les demandes de quelques Libraires de Province, qui avoient un intérêt très-puiſſant à cette ſuppreſſion : ils auroient au moins remontré au Miniſtre,
que la ſuppreſſion de l'un entraînoit néceſſairement
celle de l'autre ; qu'en laiſſant ſubſiſter ce dernier, les
Etrangers s'emparoient de tout notre Commerce.
On pourroit compter actuellement ſur les frontieres
du midi de la France, à Geneve, Lauſane, Yverdun,
&c. plus de 200 Preſſes qui n'exiſtoient pas, il y a dix
ans. Les Gazettes Etrangeres ſont infectées d'avis in-
décens, où l'on annonce nos propres Ouvrages. Les
Libraires de Paris auroient repréſenté, que les Libraires de France payant un Impôt conſidérable ſur le papier blanc, qui n'a pas lieu, lorſque ce papier paſſe
à l'Etranger, les Imprimeurs Suiſſes, Genevois peu-
vent donner la feuille imprimée à 30, 40 pour $\frac{o}{o}$ meilleur
marché que dans les Provinces : auſſi les propoſent-
ils à neuf deniers. Certaines Provinces, l'Alſace, la
Franche - Comté, ſont inondées de cette eſpece de
Livres qui enlevent la ſubſiſtance d'une foule de Familles, & qui font un tort incroyable aux Imprimeries du Royaume. Ces Etabliſſemens n'auroient pas
eu lieu, ſans les Priviléges perpétuels ; les Libraires
de Province ne les ont favoriſés, parce que craignant
d'imprimer en France, ils ſe font ſouvent adreſſés à
ces mains Etrangeres. Si on n'eût pas ôté toutes les
reſſources à la Province, les Libraires auroient été
intéreſſés à les proſcrire, & les Chambres Syndicales n'y auroient jamais été favorables.
Les Etrangers n'impriment que très-rarement pour
eux les Livres François : le ſeul eſpoir de rentrer dans
le Royaume, a juſqu'à préſent donné de la vigueur
à cette multitude de Contrefaçons dont ils nous
ont inondés ; s'ils ne doivent plus eſpérer de débit en

France, ils feront forcés d'y renoncer. Au lieu de réimprimer nos Livres, ils imprimeront des Livres originaux, ils les donneront en change, parce que cela leur eft avantageux : le bénefice & l'avantage reftera donc tout entier aux Libraires de France.

Avantage des Réglemens actuels pour les Gens de Lettres, & pour les Libraires.

Ils font immenfes : s'ils veulent garder leurs Priviléges, ils feront fûrs d'une jouiffance perpétuelle pour eux & leurs defcendans ; s'ils veulent en traiter avec les Libraires, ils peuvent être affurés d'en tirer aujourd'hui un prix trois fois plus confidérable qu'autrefois. On n'aura plus à leur objecter fans ceffe, pour diminuer le prix de leurs Manufcrits, *le danger des contrefaçons* : la jouiffance fera limitée, mais certaine ; comme on fçait que le Privilége eft reftreint à la vie de l'Auteur, ou au tems du Privilége, on fpéculera pour en tirer le plus grand parti poffible pendant cet intervalle. On fera des Editions de luxe, des Editions communes & à bas prix, fuivant l'empreffement & les befoins du Public ; & fi l'Ouvrage a du fuccès, on tirera beaucoup plus d'avantage de cette jouiffance limitée, que d'une propriété prétendue perpétuelle, qui étoit toujours attaquée dès les premiers jours.

Cette époque nous donne l'efpérance d'une foule d'excellens Ouvrages en tout genre, parce que l'Homme de Lettres, affuré de retirer un revenu honnête de fon travail, ne craindra plus de parcourir une carriere où il pourra acquérir de la fortune & de la confidération.

A entendre le Défenfeur des Libraires de la Capitale, il femble que toute la Librairie aille tomber dans le néant.

» La fituation actuelle de chaque Libraire eft tota-
» lement dénaturée ; le douaire de cette Veuve dimi-
» mué ; la rente de ce Pere qui avoit abandonné
» fes fonds, que les enfans ne peuvent plus payer ;
» des créanciers expofés à des banqueroutes né-

» ceſſaires ; dés partages qui ſont devenus abſolument
» inégaux , &c. »

Quand le Roi ſe feroit emparé de toutes les fortunes de la Librairie , on ne ſe livreroit pas à des
exagérations plus ridicules ; mais les Magiſtrats ne
ſçavent que trop apprécier ces clameurs de l'intérêt
qui ſe croit léſé : nous allons en jugern.

D'abord chacun garde ſon fonds , & ceux qui ont
des titres à de nouveaux Priviléges , en obtiennent.
Il eſt même vraiſemblable que le Chef de la Juſtice
pourra prendre en conſidération les repréſentations de
quelques Maiſons de la Librairie , dont les fonds
n'exiſtent qu'en quelques articles : ces Maiſons feront
dans le cas d'obtenir des prolongations , des Priviléges plus conſidérables. Comme les fonds de Librairie
s'épuiſent tous les jours par la vente , on les entretient
chaque année par des réimpreſſions ; ainſi les Libraires
qui ont des parts de *Racine*, de *Moliere*, de *la Fontaine*,
peuvent faire des ſociétés entr'eux, prendre une Permiſſion , & entretenir leurs fonds de cette eſpece de
Livres. Il eſt vrai qu'on accordera cette même Permiſſion à quiconque voudra la demander. Mais puiſque
la Contrefaçon étoit générale , ces mêmes Livres
n'étoient-ils pas réimprimés dans les Provinces ? Les
Libraires de Lyon , de Rouen, de Bordeaux , ne
s'entendoient-ils pas entr'eux pour les réimprimer
à meſure qu'ils en épuiſoient leurs fonds ? Ils le
faiſoient, à la vérité, ſans Permiſſion : mais pour le
Propriétaire , l'inconvénient n'eſt - il pas le même ?
S'il y a concurrence , on tâchera de l'emporter en
faiſant des Editions plus correctes : ſi on n'a pas
l'eſpérance de ſoutenir la concurrence , on s'en aſſor-
tira par voie d'échange. Ainſi les Arrêts , en permettant
la concurrence qui l'étoit déja par la Contrefaçon ,
ne changent réellement rien à la poſition du véritable
Propriétaire. Si dans quelques cas particuliers les Propriétaires peuvent ſouffrir quelques pertes , n'en
feront-ils pas amplement dédommagés d'ailleurs par
les deux Ventes publiques ? Pourquoi donc tant regret-
ter la perpétuité de ces Priviléges excluſifs ? Ils ne
l'ont jamais été , ils le feront au moins actuellement

pour un tems limité : ils auront un prix ; ils n'en avoient plus depuis long-tems. Si l'on en excepte un très-petit nombre d'Articles, tous les Livres, depuis 15 ans, se donnoient à la Chambre à plus de 20 , 30 pour cent au-dessous du prix de la Province , accompagnés de leurs Priviléges ; & c'est une telle propriété que l'on regrette ? On cite le *Denizard* ; il eût été difficile de choisir plus mal : cette compilation a été réimprimée au moins sept fois par Madame *Desaint* en moins de dix années ; & si , dans cet intervalle , cette Dame n'eût pas essuyé plusieurs Contrefaçons, ce seul Ouvrage auroit suffi pour lui donner une fortune immense.

Nécessité de la légitimation des Contrefaçons.

Les Libraires de Province ont tous fait des Contrefaçons , ou du moins tous en vendent ; il en existe pour des sommes immenses. La saisie de tant de Magasins devenoit impossible , quand le Gouvernement l'auroit voulu ; & pouvoit-il le vouloir ? Tant de Contrefacteurs demandoient grace par leurs réclamations.

Ils disoient : Qu'on nous permette de réimprimer les Livres anciens dont les Priviléges sont expirés , & nous respecterons les Livres nouveaux dont les Priviléges sont subsistans.

Une Amnistie devenoit donc nécessaire ; mais cette grace , en les relevant de leurs fautes , devoit les assujettir à les confesser.

Il falloit constater le dégré du mal pour le prévenir à jamais. Il falloit marquer la Contrefaçon, l'estampiller , afin que le Public pût la reconnoître , & afin que le Libraire de Province , ayant la liberté d'assister aux Ventes de la Chambre , ne pût pas faire confondre des Editions contrefaites avec des Editions originales.

Nous ne pouvons pas concevoir qu'on ne voye dans l'Estampille qu'un moyen sûr de continuer les Contrefaçons. On se plaît à augmenter les alarmes des Libraires de la Capitale. Si les nouveaux Réglemens n'eussent pas mis un Sceau , un Cachet à tous les Ou-

vrages contrefaits ; c'eſt alors que les Libraires de
Paris , véritables propriétaires de titres & de Priviléges , auroient pu ſe plaindre avec raiſon , parce qu'il
eſt certain que l'Adminiſtration n'ayant pas un moyen
bien ſûr pour diſtinguer une Contrefaçon nouvelle
d'une ancienne , quelques Libraires auroient pu , en
courant cependant les plus grands riſques , comme
nous le ferons voir plus bas , s'expoſer à de nouveaux
délits : mais l'Eſtampille étant appoſée ſur toutes les
Contrefaçons actuellement exiſtantes , avec la ſigna-
ture de l'Inſpecteur , il ne peut plus s'en introduire de
nouvelles , qu'elles ne ſoient reconnues. Contrefera-
t-on l'Eſtampille ? Cela pourroit avoir des ſuites fort
ſérieuſes.

L'Eſtampille eſt le Cachet du Magiſtrat ; c'eſt ſon
Sceau , ſa Signature : ſi un Libraire oſoit le contrefaire , une punition exemplaire ſeroit le prix de ſa
témérité.

On a pu pouſſer l'indécence juſqu'à imiter la ſigna-
ture des Libraires de la Capitale ; mais il y a loin d'un
pareil délit à celui de contrefaire le Cachet du Chef
de la Juſtice.

Des moyens d'empêcher les Contrefaçons à l'avenir.

Nous avons vu qu'un Livre qui ſeroit ſans Privilége appartiendroit à tout le monde ; mais lorſqu'un
Livre eſt revêtu d'un Privilége , la propriété en devient , pour ainſi dire , ſacrée , par la ſanction même
du Souverain. Le Contrefacteur eſt alors très-puniſſa-
ble , parce qu'il viole une Loi du Souverain , & qu'il
attente à la propriété d'un tiers , en le privant d'*un
droit excluſif* que le Souverain lui accorde pour un
temps limité.

Un Livre revêtu d'un Privilége qu'on contrefait ,
eſt un véritable vol de la grace que le Roi a accordée :
ce vol eſt abſolument de la même nature que ſi l'on
s'emparoit d'une penſion ou d'une ſomme quelconque
que le Souverain auroit accordée ; mais la Contrefaçon d'un Livre ſans Privilége n'eſt point un vol :

on n'eft pas plus coupable dans ce cas, que ceux qui fe permettent de copier une Gravure, un Tableau, ou d'imiter une Machine, &c.

Une Loi nouvelle paroît aujourd'hui favorable aux Priviléges.

Les moyens que le Souverain a pris pour affurer cette jouiffance exclufive, néceffaire pendant un certain temps en Librairie, doivent ranimer les efpérance des Propriétaires; cependant quelques Libraires de Paris craignent les mêmes abus, & cette crainte eft principalement ce qui leur fait envifager ces nouveaux Réglemens avec effroi: ils craignent de perdre une propriété illimitée, quoique non exclufive, puifque la contrefaçon étoit générale, & qu'on ne vouloit, & peut-être qu'on ne pouvoit l'en empêcher; mais il la préféroient à une jouiffance limitée, exclufive, parce qu'ils affurent qu'elle ne fera pas exclufive, & qu'ils feront par la fuite expofés à tous les mêmes défordres.

Quant aux fraudes actuelles qui pourroient arriver en eftampillant, par des furprifes qui feroient faites aux Commiffaires même, en réimprimant promptement & en grand nombre les premieres feuilles des meilleurs Ouvrages, pour les faire eftampiller, & multiplier, par cette petite friponnerie, les Contrefaçons épuifées, ou prêtes à l'être; le Magiftrat a tout prévu. Les Lettres circulaires qu'il a écrites à toute la Librairie de France, prouvent qu'il s'eft occupé du foin de les prévenir. Les Libraires ont eu ordre de donner dans un tems très-court l'état détaillé de leurs Contrefaçons. C'eft d'après cet état, qui fera vérifié fur les lieux, que les Infpecteurs ont ordre d'agir. Nous n'ignorons pas, parce que le Magiftrat l'a dit publiquement, que ces derniers ont reçu des ordres particuliers pour fe mettre à l'abri de toute fraude; ce n'eft pas fur la premiere feuille *ifolée* d'un Livre qu'on eftampille, mais fur le Livre même, entier, complet: ce n'eft pas dans les Magafins que fe fait cette opération, elle eût été fujette à trop d'ennui & de défagrémens; les Libraires ont ordre d'apporter les paquets de *piles* dans un lieu commode où l'Infpecteur puiffe faire cette befogne à fon aife; enfin,

le

le Magiſtrat a pris tous les moyens qu'une prudence éclairée pouvoit lui ſuggérer.

Les nouveaux Arrêts renferment en eux-mêmes des obſtacles à la continuation des Contrefaçons.

L'expérience du paſſé ne donne pas aux Libraires de Paris, un grande confiance dans l'avenir.

Ils perdent leurs propriétés perpétuelles ; ils n'auront, diſent-ils , qu'un Privilége limité, & n'en feront pas moins expoſés à tous les ravages de la Contrefaçon.

Il eſt certain que ſi les Contrefaçons ne ſont pas détruites radicalement, les Arrêts accordent beaucoup aux Libraires de Province, & ne donnent aucun avantage à ceux de la Capitale.

Toutes les réflexions de ce Mémoire portent ſur leur entiere deſtruction ; elle ſeule peut les indemniſer de la perte de la perpétuité de leurs Priviléges actuels ; car , quoique les Priviléges fuſſent attaqués de toutes parts dans les Provinces, les Libraires de Paris avoient au moins une ſorte de propriété perpétuelle dans la Capitale , & cette jouiſſance n'étoit pas abſolument ſans valeur ; mais elle ne peut être comparée aux avantages qui réſultent des nouveaux Réglemens, qui promettent formellement cette deſtruction de la Contrefaçon.

Leurs craintes ſeroient donc fondées , ſi Sa Majeſté en limitant les Priviléges , n'avoit pris en même tems toutes les précautions qui peuvent en aſſurer la jouiſſance excluſive ; & ſi ces moyens n'étoient auſſi ſimples qu'effi-caces, les deux Ventes publiques à la Chambre, auxquelles les Libraires de Provinces feront appellés , leur donnant droit aux Priviléges, feront de chaque Acquéreur dans les Provinces autant de ſurveillans.

Les Magiſtrats , les Intendans , les Gens en place dans les Provinces, peu favorables juſqu'aujourd'hui à des Priviléges excluſifs & éternels, le feront à des Priviléges excluſifs , limités, parce qu'ils ſçavent qu'un Libraire & un Homme de Lettres doivent avoir un certain tems pour retirer du produit de leurs avances & de leurs travaux. Des Inſpecteurs ambulans, chan-gés chaque année, peuvent ſur-tout inſtruire ſur le champ le Magiſtrat , qui a la Direction de la Librairie ; des nouvelles contraventions.

L'augmentation des Chambres Syndicales , & la nouvelle forme de leur adminiſtration , préſentent de toutes parts des obſtacles ; les Libraires de Province eux-mêmes , ne formant par ce nouveau Réglement qu'un Corps avec celui de la Capitale , n'auront plus cet eſprit de haine , d'animoſité , qui pour beaucoup d'entr'eux , leur faiſoit tolérer la Contrefaçon ſans la deſirer.

Les Priviléges étant limités , ſeront reſpectés en France , comme ils le ſont en Angleterre , où le Contrefacteur , puni par la Loi , ne peut eſpérer aucun adouciſſement de la peine qu'il a mérité.

Cependant , tous ces moyens peuvent être encore inſuffiſans.

Si une Armée de Commis placée ſur toutes nos fronties , ne ſuffit pas pour arrêter la contrebande ; ſi le beſoin & la cupidité font braver les Galeres , & même la mort , ne peut - on pas craindre avec raiſon , que quelques Libraires n'expoſent leur état & leur fortune , dans l'eſpérance d'un bénéfice conſidérable ? Si l'Adminiſtration ſe relâche , & comment croire que ſes moyens ſeront toujours en activité ? Le déſordre renaîtra ſûrement , ſi ce n'eſt dans les premieres années , au moins dans les ſuivantes.

Il n'y a qu'un moyen ſûr & prompt de détruire à jamais la Contrefaçon : c'eſt d'obtenir la voie de la Plainte & de l'Information.

Les Libraires , les Gens de Lettres doivent ſe réunir pour la demander : elle préviendra pour toujours les nouveaux déſordres ; elle empêchera l'entrée des Editions étrangeres : elle met le Libraire de Province dans l'heureuſe impoſſibilité de manquer aux Réglemens , par la grande facilité que ce moyen offre pour découvrir la contravention. Ce moyen n'eſt point d'ailleurs effrayant , comme des deſcentes autoriſées par les nouveaux Réglemens , qui ſont toujours odieuſes , qui troublent le Citoyen dans ſon aſyle , qui alarment les voiſins , qui ſemblent une eſpece d'atteinte à la liberté , chaque Citoyen regardant ſa maiſon comme un aſyle ſacré.

Un Libraire de Paris s'expoſera-t-il d'ailleurs à des

defcentes coûteufes chez les Libraires de Province ?
S'ils ont des Contrefaçons, ils ne les expoferont pas
dans leur Boutique : il faudra fouiller les Magafins,
ouvrir les armoires ; qui ne voit que cela eft autant
impraticable qu'odieux ? Les Libraires de Province
fçauront fe mettre à l'abri de toutes les recherches,
quand le moyen de découvrir le délit ne fera pas auffi
facile que celui de la voie de la Plainte & de l'Information. Nous le répétons, c'eft le feul moyen facile,
& qui ne préfente aucun inconvénient : le Chef de
la Juftice pourroit-il le refufer ? Les Arrêts donnent
l'affurance qu'il veut prévenir à jamais les anciens
défordres : ils s'expliquent formellement à ce fujet.

Ils difent en propres termes, & on en a fait
l'Epigraphe de ce Difcours : *Une jouiffance limitée, mais
certaine, eft préférable à une jouiffance indéfinie, mais
illufoire.*

On ne veut pas fans doute facrifier les Gens de
Lettres, les Libraires de la Capitale, aux vues inté-
reffées de quelques Libraires de Province.

Les Anglois ont cette voie ; le récolement de deux
témoins fuffit : par l'achat de deux Exemplaires, on
peut conftater le délit. Auffi n'y a-t-il rien de fi rare
en Angleterre qu'un Livre contrefait. Le Libraire affuré
d'une jouiffance exclufive, quoique limitée à 14 années, ne craint pas de donner un prix confidérable
des meilleurs Ouvrages, & y trouve prefque toujours un grand avantage. Si l'Auteur furvit, on lui
accorde au bout des 14 premieres années, un Privilége
dernier & définitif de 14 autres années.

Si l'Adminiftration fait faire des defcentes par fes
Infpecteurs, elles n'entraînent pas moins d'inconvénient que celles des Libraires ; elles mettent une forte
d'alarmes dans le Commerce ; elles continuent d'entretenir la défiance. Les Libraires de Paris paroîtront
à ceux de la Province des furveillans incommodes.
La voie de la Plainte & de l'Information ne préfente
aucun de ces inconvéniens ; le Libraire ne la rendra
que quand il aura dans fes mains les preuves bien
complettes de la Contrefaçon.

Quoiqu'il n'y ait point de Partie publique dans le

Tribunal du Magiſtrat, auquel la connoiſſance de ce qui concerne l'exécution des Réglemens de la Librairie eſt attribuée, cette circonſtance ne doit point être un obſtacle à ce qu'il ſoit permis de pourſuivre les Contrefaçteurs par la voie de la Plainte & de l'Information. On peut par l'Arrêt qui permettra cette Procédure, nommer un Avocat pour prendre, en pareil cas, les réquiſitions convenables, ou autoriſer le Magiſtrat à en nommer un, lorſque la partie léſée voudra uſer de la voie dont il s'agit.

Les Arrêts n'ont point un effet rétroactif, comme le prétendent les Libraires de Paris.

Un des grands ſujets de plaintes des Libraires de la Capitale, eſt l'effet prétendu rétroactif des nouveaux Arrêts. Une Loi nouvelle qui fixeroit à 10, 15 & 20 années la jouiſſance de tout Ouvrage nouveau, ne paroîtroit entraîner pour eux aucun inconvénient, parce que le terme de la jouiſſance étant précis, on s'arrangeroit en conféquence ; on feroit libre d'acquérir ou de ne pas acquérir ; mais les nouveaux Arrêts, en accordant un Privilége limité, dernier & définitif aux véritables propriétaires des anciens Ouvrages ; ceux-ci, qui ſe croyoient un droit perpétuel, ſont bleſſés de ce nouvel arrangement. Cependant on peut leur répondre.

Vous vous êtes établis entre vous des droits qui répugnent aux droits naturels de la Société : vous avez érigé en propriété perpétuelle une jouiſſance qui a toujours été limitée dans les Lettres de Privilége ; c'eſt ſans le conſentement du Souverain, contre les droits des Gens de Lettres, contre les avantages du bien commun du Public, & contre le texte des Loix exiſtantes, que vous avez fondé cette propriété perpétuelle de Privilége. Les Libraires de Province ont de tout tems réclamé contre ces prétentions ; elles ſont une invention moderne de la Librairie de Paris ; elles ſont contraires à tous les progrès de l'induſtrie, & à tout ce qui ſe pratique dans le Commerce.

On pourroit encore ajouter.

Vous n'avez jamais pu férieufement compter fur ce droit de jouiffance exclufive , éternelle des Priviléges ; vous ne l'avez jamais payée. Si elle avoit lieu réellement , les Auteurs , avec lefquels vous avez autrefois traités , n'auroient-ils pas le droit de réclamer ? En effet , les Libraires de Paris y ont-ils bien réfléchis, quand ils follicitent en leur faveur des Priviléges perpétuels , que jufqu'à préfent ils n'ont jamais obtenus que limités ?

Si cette doctrine des renouvellemens de Priviléges éternels venoit à prévaloir , font - ils bien affurés qu'elle n'auroit pas contr'eux un effet rétroactif, que les nouveaux Arrêts ne renferment pas ? Si les Priviléges , de limités qu'ils ont toujours été , devenoient perpétuels, les defcendans de tant de Grands-Hommes , dont les Ouvrages forment encore actuellement la majeure partie des fonds de la Librairie moderne , ne feroient-ils pas bien fondés à demander pour eux une grace, qui n'exiftant pas quand leurs ayeux ont vendu ou cédé leurs Manufcrits , ne doit pas établir un droit de préférence pour les Libraires, à leur préju- dice ? Croit-on que les héritiers du Grand Corneille , de l'immortel Racine, de l'incomparable Fénélon, &c. auroient mauvaife gracé de réclamer, à la faveur de ce droit nouveau , une jouiffance exclufive , qui n'exiftant pas lors de la premiere ceffion , doit leur appartenir de préférence aux Libraires de Paris ? Puifque ces derniers prétendent qu'un Privilége n'établit point un titre de propriété , ils feroient donc obligés à repréfenter ce titre ? Et en fuppofant qu'ils fuffent en état de le reproduire , qu y verroit-on ? Une ceffion de droits, qui, n'étant relative qu'à des Priviléges , qui alors étoient limités , ne pourroient jamais donner un titre de propriété perpétuelle , dans le cas où les Priviléges deviendroient perpétuels.

Que les Libraires de Paris prennent la peine de médi- ter fur ces idées , & qu'ils jugent dans quels abymes de procès ces prétentions exclufives, fi le Magiftrat pouvoit les réalifer , les jetteroient !

La Loi nouvelle ne change donc rien à leur pofition ;

elle n'a point un effet rétroactif ; car , pour que cela fût , il faudroit que les Priviléges euffent été autrefois perpétuels , & ils ont toujours été limités. Les Régle-mens ne les dépouillent point de leur propriété : les Libraires gardent leurs fonds ; le Roi leur donne même la facilité de les entretenir ; tous les Livres qu'ils ont imprimés & réimprimés jufqu'à préfent , ils peuvent continuer toujours de les réimprimer à l'avenir.

Nous allons préfenter en peu de mots l'enfemble & le réfultat de ce Mémoire.

La Contrefaçon exiftoit généralement dans tout le Royaume.

Le Gouvernement ne pouvoit , ou ne vouloit l'en empêcher : l'abus des Priviléges renouvellés , en étoit la principale caufe.

Si les Priviléges font éternels & exclufifs, ils ne feront jamais refpectés : s'ils font limités , ils feront exclufifs, parce que les Magiftrats feront portés à les favorifer.

La Contrefaçon ruinoit la Librairie de la Capitale ; elle étoit un obftacle à toute nouvelle entreprife ; elle portoit le plus grand préjudice aux Gens de Lettres , & à la Littérature.

Un nouveau Réglement pouvoit feul couper le mal par la racine : il devoit avoir pour objet les Privi-léges , les Contrefaçons anciennes , & celles à venir.

Le Privilége ne donne , ni n'ôte la propriété ; c'eft une grace du Souverain , qu'il peut reftreindre à fa volonté , & accorder à qui il lui plaît.

La propriété proprement dite , eft le *jus in re* , elle ne peut exifter fans un objet.

Les Priviléges ne font pas néceffaires pour impri-mer un Ouvrage , une fimple Permiffion fuffit ; on n'en accorde qu'à ceux dont on veut que la jouiffance foit exclufive pendant un certain tems. L'Auteur & le Li-braire ne font pas par ces Lettres de Priviléges , accor-dées en concurrence , dépouillés de leurs propriétés. Le premier conferve à jamais le droit de propriété de la compofition de fon Ouvrage. Le fecond conferve

la propriété de fon fonds, & la liberté de le renouveller tant qu'il lui plaît. La Permiffion d'imprimer à
l'expiration du Privilége, permet feulément une concurrence qui a lieu pour toutes les autres productions
de l'efprit, & qui même a toujours eu lieu pour les
Livres, quand ils ne font pas revêtus de Priviléges.

Il eft néceffaire que les Priviléges foient exclufifs
pendant un certain tems, afin de donner à l'Homme
de Lettres, ou à fon Ceffionnaire, le tems de retirer
de l'avantage de leurs travaux & de leurs avances.

La contrefaçon d'un Livre fans Privilége n'eft point
un vol; mais toute contrefaçon d'un Ouvrage revêtu de
Privilége eft un vol, parce qu'on dépouille un Citoyen
de la grace du Privilége exclufif que le Souverain a
bien voulu lui accorder.

La limitation des Priviléges eft l'unique moyen de
détruire le monopole : la Contrefaçon n'a peut-être
été tolérée, que parce qu'elle produifoit l'effet de la
limitation. Si un Auteur & un Libraire reftoient à perpétuité propriétaires exclufifs de leurs Ouvrages, ils
feroient les maîtres d'y fixer un prix onéreux au Public : le Privilége limité les oblige à établir un prix
modéré, à faire des Editions à des taux différens, afin
de retirer le plus de bénéfice poffible dans le tems limité
de leur jouiffance.

Les Contrefaçons anciennes font en fi grand nombre, qu'elles ne font plus faififfables : il en exifte pour
plus de fix millions. Un pardon général devenoit néceffaire : il faut les eftampiller, parce que toutes étant
ainfi reconnues, on ne pourra pas les multiplier davantage.

Quant aux Contrefaçons à venir, les moyens pris
par l'Adminiftration peuvent les empêcher en partie ;
mais ils font infuffifans pour les profcrire entiérement.

Les Gens de Lettres, les Académies, les Univer-
fités, les Libraires doivent fe réunir pour demander
la voie de la Plainte & de l'Information.

La limitation des Priviléges pouvant feule arrêter la
Contrefaçon, celle-ci étant anéantie, la Librairie doit
fe relever : on ne craindra plus de fe livrer à des fpéculations utiles : on n'aura plus le défagrément d'éprou-

ver une concurrence deſtructive dès les premiers jours de la publication d'un Ouvrage.

Les nouveaux Arrêts ſont favorables à tous les progrès de l'induſtrie, Papeterie, Relieure, Gravure, Imprimerie ; les Gens de Lettres & les Libraires peu-en tirer un parti très-avantageux, la Contrefaçon étant détruite à jamais. Des fonds nombreux de ſortes, qui n'avoient nulle circulation, vont ſe ſubdiviſer en des milliers d'aſſortimens, qui pourront ſe réaliſer promp-tement aux deux Foires. La voie des Echanges bien entendue, reprendra ſon ancienne activité.

Ceux qui ont acquis des Priviléges à un taux con-ſidérable, & il y en a bien peu, ſeront fondés à ſolliciter un renouvellement de Privilége un peu long, que le Magiſtrat ſera porté à leur accorder.

Les Gens de Lettres trouvent dans ces Arrêts un avantage immenſe : la jouiſſance étant certaine, ils ſont ſûrs de tirer de leurs Ouvrages un parti plus conſidéra-ble que ci-devant ; car il n'y a perſonne qui ne ſente qu'une jouiſſance excluſive, à l'abri de toute concur-rence, eſt infiniment préférable à cette même jouiſſance, quoique perpétuelle, qui ne ſeroit pas excluſive.

Il faut d'ailleurs convenir qu'on n'a jamais payé la jouiſſance éternelle d'un Livre : on achete l'eſpé-rance d'une premiere, ſeconde, troiſiéme Edition.

Si ces Editions ſe font à des intervalles de temps conſidérables, le bénéfice n'eſt alors que le bénéfice ordinaire de toute autre entrepriſe de Commerce, où, en courant des événemens, on place ſon argent à 6, 8, 10 pour cent.

Enfin les nouveaux Réglemens nous paroiſſent être le préſage de la proſpérité pour les Gens de Lettres, les Libraires de Paris, & ceux de la Province ; & l'on doit eſpérer que la Librairie reprendra enfin ſon ancien état de ſplendeur, & que le ſacrifice d'une ombre de propriété ſera ſuffiſamment compenſé par les avanta-ges que préſentent ces nouveaux Arrêts, les Contre-façons étant détruites à jamais.

P. S. Quelques Libraires de la Capitale ont refuſé de donner leurs titres de propriété, dans l'eſpérance

que

que ces Arrêts feront un jour retirés ; fi cela arrivoit ;
ce feroit un très-grand mal , & c'eft alors qu'ils pourroient bien dire qu'ils ne poffedent plus aucune propriété : car tout ce qui a été contrefait le feroit de
nouveau , tout ce qui ne l'a pas été deviendroit la
proie du Contrefacteur avide ; on ne pourroit plus fe
livrer à aucune entreprife nouvelle. Les Gens de Lettres
feroient les premieres victimes de cette fuppreffion : les
Priviléges , qui font le plus bel attribut de leurs propriétés
& de celles des Libraires , qui n'ont prefque jamais été
refpectés , qu'on veut faire refpecter par ces nouveaux
Réglemens , le feroient encore moins que jamais ; &
les Magiftrats qui auroient voulu faire le bien , rebu-
tés des obftacles qu'ils auroient éprouvés , fentiroient
plus que jamais toute leur impuiffance pour faire profcrire à l'avenir les Contrefaçons.

Les Libraires de Paris feroient bien fondés à demander
que les Contrefaçons eftampillées des Ouvrages un peu
confidérables , & dont il exifte de gros nombres en Province , n'entraffent pas dans la Capitale , au moins de
quelques années. L'entrée d'une Edition contrefaite à
gros nombre pourroit porter préjudice à quelques Maifons , & faire d'autant plus de tort pour la Vente de
Paris , que la Contrefaçon approcheroit davantage de
l'original. Si on obtient cette défenfe , & la voie de la
Plainte & de l'Information , l'Auteur de ce Difcours
eft intimement convaincu que les Arrêts , fi on en
maintient la rigoureufe exécution , bien - loin d'être
défavorables à la Librairie de Paris , peuvent être une
fource de fortunes pour la plupart des Libraires. La
concurrence d'impreffion pour les anciens Ouvrages,
dont les Priviléges font expirés , eft un très-petit mal
dans la réalité ; car elle aura bien moins lieu par la
voie des Permiffions , que par celle des Contrefaçons ;
parce que ces dernieres fe faifant dans l'ombre du
myftere , fe multiplioient fouvent fans néceffité , &
que le même Ouvrage étoit contrefait dans dix endroits
à la fois. Comme les réimpreffions des Ouvrages anciens
feront infcrites fur le *Tableau*, les Libraires de Paris &
de Province s'entendront pour prévenir une concurrence ruineufe.

F I N.

www.ingramcontent.com/pod-product-compliance
Ingram Content Group UK Ltd.
Pitfield, Milton Keynes, MK11 3LW, UK
UKHW020054100726
13658UKWH00004B/1743